SIMPLES NOTES

SUR LA VIE

DE

FRANÇOIS RABELAIS

PAR

LE BIBLIOPHILE JACOB

Publiées par les soins

DU COMITÉ POUR L'ÉRECTION D'UNE STATUE A RABELAIS
DANS LA VILLE DE CHINON

PARIS
LIBRAIRIE DES BIBLIOPHILES
RUE SAINT-HONORÉ, 338

—

M DCCC LXXIX

SIMPLES NOTES

SUR LA VIE

DE FRANÇOIS RABELAIS

SIMPLES NOTES

SUR LA VIE

DE

FRANÇOIS RABELAIS

PAR

LE BIBLIOPHILE JACOB

Publiées par les soins

DU COMITÉ POUR L'ÉRECTION D'UNE STATUE A RABELAIS
DANS LA VILLE DE CHINON

PARIS
LIBRAIRIE DES BIBLIOPHILES
RUE SAINT-HONORÉ, 338

M DCCC LXXIX

SIMPLES NOTES

SUR LA VIE

DE

FRANÇOIS RABELAIS

La Sous-Commission chargée de préparer le programme du monument à élever à Rabelais dans la ville de Chinon, aux frais d'une souscription nationale, a pensé que les artistes appelés à fournir le modèle de la statue, et peut-être ceux des bas-reliefs qui en orneront le piédestal, pourraient être éclairés, sinon inspirés, par la communication de quelques notes biographiques relatives au savant et illustre personnage que la République française se propose d'honorer.

Il s'agit surtout, dans ces notes, de désigner

l'époque de la vie de Rabelais qu'il convient de choisir pour le représenter ; il s'agit aussi de faire ressortir le véritable caractère de cet homme de génie, et d'éviter des erreurs graves au sujet de sa physionomie typique, dénaturée par un grand nombre de portraits peints ou gravés ; il s'agit enfin d'indiquer le costume sous lequel il devra être montré dans un monument public.

François Rabelais naquit à Chinon, vers 1483, d'après le témoignage de la plupart des biographes ; mais on aurait des motifs de placer sa naissance à une date un peu antérieure. Il était fils d'un tavernier qui possédait dans la ville de Chinon l'hôtellerie de la *Lamproie*, et qui, en outre, était propriétaire d'un clos de vigne (*la Devinière*) aux environs de cette ville.

De bonne heure, le jeune Rabelais fut envoyé au couvent de la Basmette, à un quart de lieue d'Angers, pour y faire son éducation ecclésiastique. Il suivit ensuite les cours de l'université d'Angers. C'est là qu'il fit connaissance avec les frères du Bellay, qui le prirent en amitié et qui lui restèrent attachés pendant toute leur vie.

Il quitta Angers pour entrer dans le couvent des Cordeliers de Fontenay-le-Comte, où il fut ordonné prêtre en 1511, c'est-à-dire à trente ou trente-deux ans, après avoir prononcé ses vœux monastiques.

Moine de fait, il ne l'était guère d'intention, car il ne voyait dans la vie monastique que le moyen de cultiver en paix toutes les sciences. D'abord il se perfectionna dans les lettres grecques et latines, études qui le mirent en rapport avec des hommes de haute érudition, et notamment avec le docte jurisconsulte Tiraqueau, qui résidait à Fontenay-le-Comte, et avec le philosophe Guillaume Budé, qui avait de grands emplois politiques à la cour de François Ier. Rabelais entretenait avec Budé une correspondance en grec, laquelle ne nous est connue que par quelques réponses de Budé.

Il va sans dire que les occupations savantes de Rabelais, qui ne s'accordaient pas toujours avec l'observation rigoureuse de la Règle de saint François, ne convenaient guère aux Cordeliers : ceux-ci lui firent subir mille persécutions, considérant sa passion pour l'hellénisme comme une sorte d'hérésie ; la tradition veut même qu'il ait été condamné par ses supérieurs à la privation de ses livres et à une séquestration temporaire.

Ses protecteurs, parmi lesquels il comptait de vrais amis, obtinrent de le faire passer dans l'ordre des Bénédictins, plus indulgent pour l'étude des lettres profanes et des sciences. Admis ainsi à l'abbaye de Maillezais, en Poitou, vers l'année 1524, et puissamment soutenu par Geoffroi d'Estissac, évêque de Maillezais, qui était un savant appréciateur des hautes intelligences, Rabelais fut traité dans cette abbaye avec la bienveillance et l'estime qu'il méritait.

C'est à la généreuse intervention de Geoffroi d'Estissac que Rabelais dut la possibilité d'étendre ses études, car le bon évêque lui avait assuré une pension qui lui permit de visiter plusieurs villes de France et de se mettre en rapport avec les savants contemporains. C'est ainsi qu'il put assister aux leçons ou aux lectures des plus célèbres professeurs de l'époque, dans les universités de Poitiers, de Bordeaux, de Toulouse et de Montpellier, où il étudia plus spécialement la médecine et le droit romain.

Alors les réformés de France cherchaient à composer, en s'appuyant plus ou moins sur les prédications de Luther et des réformateurs allemands, une sorte de doctrine religieuse et philosophique absolument nouvelle, qui attirait les esprits éclairés, les savants, les artistes et les hommes de lettres. Rabelais se trouva en relation directe avec ces novateurs dans les écoles d'Orléans et d'Angoulême. C'est là que s'établirent, entre Calvin, Théodore de Bèze et lui, les premières conférences de la Religion évangélique.

Rabelais avait jeté le froc et pris l'habit de simple prêtre; il s'était fait le médecin des pauvres, et il exerçait gratuitement la médecine, qu'il n'avait apprise que dans les auteurs de l'antiquité.

D'abord attaché à Geoffroi d'Estissac comme secrétaire, il se rendit bientôt auprès de ses anciens condisciples les frères du Bellay, qui passaient leurs loisirs dans le château de Glatigny, quand ils ne séjournaient pas à la cour. Rabelais habitait cette résidence en qualité de *domestique*, comme on disait alors, c'est-à-dire de familier, attaché à la personne de Jean du Bellay, évêque de Paris, auprès duquel il remplissait les charges de médecin et de secrétaire. Pour augmenter les revenus de Rabelais, l'évêque de Paris lui donna bientôt le prieuré de Souday, village voisin de Glatigny, à titre de prébende ou bénéfice, et il est à croire que Rabelais se faisait représenter par son vicaire pour desservir ce prieuré, puisqu'on le voyait sans cesse parcourir la province du Perche monté sur sa mule et allant soigner les pauvres malades.

Aussi l'aîné des du Bellay, Guillaume de Langey, jugeant sans doute que les fonctions d'un médecin et celles d'un curé étaient incompatibles, fit bâtir pour Rabelais, dans la seigneurie de Langey, une jolie maison où il l'installa avec ses livres, ses instruments de chirurgie et ses boîtes d'apothicaire.

Rabelais n'y séjourna pas longtemps, car il accompagna Jean du Bellay en Angleterre, où François Ier l'envoyait, en 1528, pour y remplir une mission diplomatique.

Après son retour à Langey, Rabelais, effrayé, non sans raison, des poursuites judiciaires que les parlements commençaient à exercer contre les *luthéristes* (c'est ainsi qu'on appelait les novateurs), jugea prudent de se diriger vers le Midi, en abandonnant sa robe de prêtre. On le voit d'abord à Montpellier, où il fait son entrée à la Faculté de médecine. Perfectionnant ses connaissances médicales sous divers professeurs, et notamment sous Jean Schyron, il passe ses examens avec un succès complet. Reçu bachelier le 1er novembre 1530, il fait un cours public, suivant l'usage, en expliquant de la façon la plus brillante les *Aphorismes* d'Hippocrate et l'*Ars parva* de Galien. C'est de cette époque que date sa réputation comme docteur, et elle était si bien établie à Montpellier que la Faculté lui confia une mission importante touchant les privilèges du corps médical, mission que Rabelais vint remplir à Paris, avec beaucoup d'habileté, auprès du chancelier Duprat.

Bien qu'il comptât un grand nombre d'admirateurs et d'amis à Montpellier, Rabelais n'eut pas la patience d'attendre qu'il y fût reçu docteur. Peut-être, manquant de ressources pécuniaires, se décida-t-il à venir se fixer à Lyon, où l'appelait le savant imprimeur Étienne Dolet. En effet, dans cette grande ville, qu'on appelait l'Athènes de la Gaule, Rabelais trouva le moyen de vivre de ses talents. Il était, dit-on, correcteur à l'imprimerie des *Gryphes*, qui publièrent ses premiers ouvrages, savoir : une édition des *Epistolæ medicinales* de Jean Manardi, de Ferrare, et une excellente édition des *Aphorismes* d'Hippocrate et de plusieurs traités de Galien. Chez lui il avait ouvert une sorte de dispensaire, où il donnait des consultations et où il traitait à sa manière les gouttes, les scrofules et autres maladies constitutionnelles, que les médecins de la Faculté dédaignaient de traiter empiriquement, c'est-à-dire en dehors des règles fondamentales de l'art.

Rabelais traitait ses malades en les faisant passer dans des étuves, en les soumettant à un régime de boissons qui provoquaient des sueurs abondantes. C'est ainsi qu'il faut expliquer l'épithète de *buveurs très illustres* que l'auteur de *Gargantua* et de *Pantagruel* leur donne dans ses prologues, car Rabelais entendait, pendant le traitement imposé à ses malades, les distraire, les amuser, provoquer le rire même au milieu de leurs souffrances, en leur narrant ce qu'il appelle les *mythologies pantagruéliques* et les *chroniques gargantuines*. « Plusieurs gens langoureux, malades ou autrement, dit-il, faschez et désolez, avoyent, à la lecture d'icelles, trompé leurs ennuis, temps joyeusement passé et reçu allégresse et consolation nouvelle. »

Les cures médicales de Rabelais contribuèrent, on n'en saurait douter, à la vogue de ces plaisants et mirifiques propos, qui furent recueillis d'abord et imprimés à Lyon sans son aveu. Ni moine, ni curé, ni prêtre, Rabelais n'était plus que médecin et correcteur d'imprimerie. En passant à Lyon pour se rendre à Rome en qualité d'ambassadeur près du saint-siège, Jean du Bellay, devenu cardinal, retrouva Rabelais, qu'il invita à l'accompagner pendant sa mission, quoiqu'il n'ignorât pas les allures nouvelles de son ancien secrétaire, condamné par les canons des Églises, ayant encouru l'excommunication, presque renégat, et libre penseur, autant qu'on pouvait l'être alors.

Rabelais avait donc écrit les deux premiers livres de *Gargantua* et de *Pantagruel*, en donnant à ses narrations bouffonnes un profond caractère de critique universelle et de philosophie. Il vendait ses ouvrages, il exerçait la médecine à huis clos, et vivait ainsi assez bien. Toutefois, il n'hésita pas à suivre son ancien protecteur : il était curieux de voir Rome et l'Italie ; puis, cet esprit ouvert avait un singulier penchant à accroître ses connaissances et à profiter de toutes les occasions qui s'offraient à lui de courir le monde.

A Rome, en qualité de médecin attaché à l'ambassade, se montrant peu, ne laissant pas soupçonner ses antécédents monastiques et cléricaux, il correspondait secrètement avec Mélanchthon et d'autres réformateurs de l'Allemagne et de la Suisse. C'est à Rome qu'il apprit l'hébreu, sous la direction d'un évêque *in partibus infidelium* qui avait parcouru l'Egypte et la Nubie. Il s'occupait aussi d'astronomie, sinon d'astrologie, car il avait commencé à publier, en 1533, un Almanach calculé sur le méridien de Lyon, publication qui parut tous les ans jusqu'en 1550, et qui obtint une popularité que n'a point surpassée celle du moderne Mathieu Lænsberg, bien que Rabelais se refusât à prédire les événements, selon le désir de ses lecteurs : car, dit-il dans l'Almanach de 1535, « prédire seroit légièreté à moy, comme à vous simplesse d'y adjouster foy. Et n'est encores, depuis la création d'Adam, nul homme qui en aie traicté ou baillé chose à quoy l'on deust acquiescer en asseurance... C'est ce que tousjours j'ay protesté. »

Toutefois on ne le voit pas prendre racine à Rome : le terrain était dangereux, l'Inquisition ayant là plus de puissance que partout ailleurs. De retour à Lyon après quelques mois d'absence, il est nommé médecin du Grand-Hôpital, quoiqu'il ne fût pas encore reçu docteur à Montpellier. Il exerce la médecine pendant dix-huit à vingt mois, composant toujours ses Almanachs astronomiques et climatériques, publiant des ouvrages d'archéologie, entre autres la Topographie de Rome, écrite en latin par Barthélemy Marliani, et réimprimant sans empêchements les deux livres de *Gargantua* et de *Pantagruel;* ce qui ne l'empêcha pas d'ouvrir un cours public de médecine et de disséquer le cadavre d'un supplicié pour l'enseignement de ses auditeurs, d'entretenir une correspondance suivie avec les chefs de la Réformation luthérienne, et de travailler, avec ses amis Robert Olivetan, Jean Calvin et Bonaventure des Periers, à la *Bible en françois*, qui fut imprimée à Neufchâtel en 1535.

L'ère des persécutions avait commencé pour les protestants de France, et le parlement de Paris poursuivait avec une extrême rigueur tous les hérésiarques. Clément Marot s'enfuit en Béarn, et ne se croit en sûreté qu'à Ferrare; Rabelais abandonne le Grand-Hôpital de Lyon, et se réfugie à Castres, où il demeure ignoré quelque temps. Mais, en 1536, le cardinal du Bellay le rappelle à Rome, en lui assurant une absolution papale qui le mettrait à l'abri de toutes poursuites en France, et lui permettrait d'y vivre en paix dans l'abbaye de Saint-Maur-les-Fossés, où il aurait le revenu d'un bon canonicat.

Rabelais retourne donc à Rome, sous la protection immédiate de l'ambassadeur de France, et muni des bulles du pape, qui non seulement l'absolvaient dans le passé, le relevaient de l'excommunication lancée contre lui, mais encore l'autorisaient à porter l'habit séculier et à exercer la médecine et la chirurgie, *sans faire usage du fer et du feu.*

A Rome, tout en vivant chez le cardinal et jouissant de l'estime des lettrés, des savants et même des prélats de la cour papale, Rabelais manquait souvent d'argent, comme son Panurge, ainsi qu'il le raconte dans ses lettres à l'évêque de Maillezais, lequel, paraît-il, venait généreusement à son aide. Que ce soit cette cause ou toute autre, Rabelais, nanti des bulles du pape, revient en France, se fait recevoir docteur à la Faculté de Montpellier le 22 mai 1537 ; après quoi, pour faire les preuves, comme on disait à la Faculté, il interprète les *Pronostics* d'Hippocrate dans un cours public, et le succès en est tel que le doyen, Jean Schyron, lui remet un écu d'or, en témoignage de récompense professionnelle. Mais

Rabelais semble déjà dégoûté de l'exercice de la médecine dès qu'il est reçu docteur; mais, sollicité par ses confrères et par ses élèves, il consent à laisser à la Faculté de Montpellier la robe de docteur qu'il avait portée dans sa dernière leçon. Cette robe était en drap rouge, à larges manches et à collet de velours noir, avec les initiales de son nom brodées en or. Cette robe fut celle-là même que les bacheliers endossaient pour passer leur cinquième examen devant le doyen de la Faculté.

Après une existence si agitée et si remplie, Rabelais manifesta l'intention de se retirer du monde et de se confiner dans l'abbaye de Saint-Maur-les-Fossés, pour s'y livrer exclusivement à l'étude. Il retrouve là le cardinal du Bellay, également retiré des grandeurs, et il y demeure jusqu'en 1542. Mais la vie claustrale ne devait pas évidemment convenir à cet esprit curieux et actif; on le voit, comme il le dit lui-même, rentrer dans le siècle, en philosophe sceptique et morose. Étienne Dolet, Jean Calvin, Robert Étienne, étaient devenus ses ennemis, on ne sait pourquoi, mais on le devine : l'esprit libre et railleur de Rabelais ne pouvait guère s'allier longtemps au pédantisme et à l'intolérance de la plupart des nouveaux sectaires. C'est alors qu'il essaye de vivre solitairement à Chinon, dans l'hôtellerie de la *Lamproie*, avec ses livres et ses souvenirs. La tradition rapporte qu'il s'amusait à regarder les bonnes gens du pays jouant aux quilles et aux boules.

Arrive l'époque des persécutions à outrance contre les novateurs hérétiques, qu'on désignait alors sous le nom d'*athéistes*. Étienne Dolet est brûlé vif à Paris; Clément Marot, revenu de Ferrare, s'enfuit à Genève; Bonaventure des Periers, menacé d'un procès criminel, se suicide. Rabelais tient bon, grâce à ses puissants amis, Geoffroi d'Estissac, évêque de Maillezais, et le cardinal de Châtillon, entre autres, et il obtient un privilège du roi pour l'impression du *tiers livre* de son roman pantagruélique, qui parut en 1546 à Paris même, et non plus à Lyon, où il aurait pu passer inaperçu.

L'apparition de ce *tiers livre* est le signal d'une coalition des ennemis de Rabelais, et, ce qui arrive aux esprits indépendants, il avait beaucoup d'ennemis dans tous les camps. On le dénonce au roi comme impie et athée, et la dénonciation reposait sur une *coquille* de l'imprimeur, qui avait mis dans le texte *âne* au lieu d'*âme,* et sur des libelles infâmes, dont on citait bien des passages, mais dont personne n'avait pu constater l'existence.

Le roi François Ier, heureusement, avait pris grand plaisir à la lecture du *Gargantua* et du *Pantagruel :* il voulut par lui-même juger le *tiers livre*. N'y trouvant rien de répréhensible, la vente de cet ouvrage ne fut même pas interdite. La colère des ennemis de Rabelais n'en devint que plus ardente, et l'auteur du *tiers livre,* encouragé par l'approbation royale, par les sollicitations de ses amis, se préparait à faire imprimer ou à laisser publier sans privilège le *quart livre,* le plus hardi de tous ses écrits.

Toutefois ce quatrième livre ne parut qu'en extraits informes, sous le titre de *Voyage et navigation que fist Panurge.*

Il y eut alors un tel déchaînement de colères,

d'anathèmes et de délations, que Rabelais jugea prudent de s'éclipser. Il allait être décrété d'accusation et emprisonné, quand il eut l'heureuse chance de pouvoir sortir de France : il se réfugia à Metz, où il exerça quelque temps les fonctions de médecin stipendié de la ville, sur la recommandation de ses amis de Paris et de Lyon. Cette place ne suffisait pas à le faire vivre; il dut cependant la conserver pendant les années 1547 et 1548. Il écrivait des lettres lamentables à ses amis, qui n'osaient lui répondre, dans la crainte de se compromettre. Calvin lui avait fait grand tort parmi ses religionnaires, en le signalant comme le plus dangereux ennemi de toutes les religions et en le reléguant dans la troupe des incorrigibles *libertins* ou libres penseurs : de telle sorte que Rabelais ne trouvait, à Metz ni en Lorraine, aucune sympathie, aucun secours.

Il écrivait à son protecteur naturel, au cardinal du Bellay, qui s'était fixé à Rome : « Certainement, Monseigneur, si vous n'avez de moy pitié, je ne sache que doive faire, sinon, en dernier désespoir, m'asservir à quelqu'un de par deçà (c'est-à-dire en Allemagne ou en Alsace), avec dommage et perte évidente de mes estudes. Il n'est possible de vivre plus frugalement que je fais, et ne me sçaurez si peu donner de tant de biens que Dieu vous a mis en main que je ne vous bénisse en vivotant et m'entretenant honnestement, comme j'ay fait jusqu'à présent, pour l'honneur de la maison dont j'estois issu à ma départie de France. » Du Bellay eut pitié de son ancien *domestique*, et lui fit passer l'argent nécessaire pour venir le retrouver à Rome.

Rabelais dit adieu à la ville de Metz, sans regrets. L'intolérance, le fanatisme, l'hypocrisie, le chassaient de son pays et même des contrées où la Réformation triomphait. C'était à Rome qu'il devait alors trouver l'amour des lettres, la tolérance et la sécurité. Il reprend auprès du cardinal ses fonctions de médecin et d'*orateur*, et, comme naguère, on le voit, abrité par les bulles papales, dans l'intimité de tous les savants et beaux esprits. Le voyageur André Thévet rapporte qu'il rencontra à Rome, en 1549, Rabelais, *qui a tant fait parler de luy*, et que, grâce à la recommandation de cet illustre écrivain, il eut *entrée* de toutes parts.

De 1549 à la fin de 1550, Rabelais, aimé et considéré de tous à Rome, commença le cinquième livre de *Pantagruel*, qui jamais ne fut achevé, mais qui contient le fameux chapitre de l'*Ile sonnante*, allégorie de l'Église catholique et romaine.

C'est à Rome qu'il composa son dernier Almanach astronomique et qu'il prépara nombre d'œuvres grecques, latines, italiennes ou toscanes, et françaises, qui n'ont jamais vu le jour, mais qui ne furent pas ignorées de ses contemporains.

Ce génie si français était toutefois impatient de rentrer dans sa patrie. Voici en quels termes le cardinal de Châtillon, son plus fidèle défenseur (alors la noblesse était aussi alliée aux libres esprits), lui fit obtenir un privilège du roi pour une relation des fêtes célébrées à Rome, dans le palais du cardinal du Bellay, à l'occasion de la naissance d'un fils de Henri II : « De la partie de nostre cher et bien-aimé maistre François Rabelais, docteur en médecine, nous a esté exposé que, iceluy suppliant ayant par cy devant baillé à imprimer plusieurs livres en grec, latin, françois et thuscan, mesmement certains volumes des *Faits et dicts héroïques de Pantagruel*, non moins utiles que délectables, les imprimeurs auroient iceulx livres corrompus, despravez et pervertis en plusieurs endroicts ; auroient davantage imprimé plusieurs autres livres scandaleux au nom dudit suppliant, à son grand desplaisir, préjudice et ignominie, par luy totalement désavouez comme faulx et supposez, lesquels il désireroit, soubs nostre bon plaisir et volonté, supprimer ; ensemble les autres siens avouez, mais despravez et desguisez, comme dict est, revus et corrigez et de renouveau réimprimez ; pareillement mettre en lumière et vente la suite des *Faits et dicts héroïques de Pantagruel.* »

Ce privilège du roi valait des lettres d'abolition et de grâce pour Rabelais, et mettait à néant toutes procédures commencées contre lui en raison de ses ouvrages ou de ceux qu'on lui attribuait.

Il n'hésita pas à rentrer en France, avec le

projet arrêté de publier le IVᵉ livre et peut-être le Vᵉ de son *Pantagruel*.

Il arriva donc à Paris dans les premiers jours de 1551, sous les auspices des trois cardinaux du Bellay, de Guise et de Châtillon, qui s'étaient portés garants de sa soumission aux lois de l'État.

Rabelais avait consenti, en effet, à quitter l'habit séculier et à rentrer dans les ordres, c'est-à-dire à reprendre et à exercer des fonctions ecclésiastiques. En conséquence, le cardinal du Bellay, en qualité d'évêque de Paris, l'avait nommé curé de Meudon, en remplacement de Richard Berthe, qui renonçait à cette cure pour cause d'infirmités physiques.

C'est le 18 janvier 1551 que Rabelais fut reçu curé de Meudon, par le vicaire général du cardinal du Bellay. On devine que ses ennemis firent grand bruit de cette nomination, et parmi les plus acharnés on peut citer le protestant Pierre Ramus, professeur au collège Royal, et le catholique Pierre Galland, régent au collège de Boncourt.

Rabelais avait alors des protecteurs assez puissants pour défier les colères de l'Université et de la Sorbonne. Ses paroissiens du château de Meudon, le duc de Guise et la duchesse de Guise, l'avaient accepté comme titulaire de la cure de Meudon, mais ne lui demandaient probablement pas de remplir très exactement ses devoirs curiaux.

Rabelais devint le commensal habituel du château. Il songeait toujours à publier son IV° livre, que ses lecteurs et admirateurs attendaient avec une vive impatience. S'il eut la précaution d'effacer certains passages qui eussent pu lui attirer de nouveaux ennuis, il se vengea sur ses ennemis, en ajoutant dans un chapitre de ce IV° livre l'allégorie des Antiphysis, c'est-à-dire de l'*adverse nature*, qui avait engendré « les Matagotz, Cagots et Papelars, les Maniacles Pistoletz, les Démoniacles Calvins imposteurs de Genève, les enraigez Putherbes (1), Briffaulx, Caphars, Chattemites, Cannibales, et aultres monstres difformes et contrefaicts en dépit de

---

(1) Son principal dénonciateur, Gabriel de Puy Herbaut.

nature ». Dans cette énumération, aucun de ses adversaires n'était oublié.

Le *quart livre* parut, vers la fin de février 1552, avec privilège du roi, à Paris, chez le libraire Michel Fezandat. Aussitôt la Faculté de théologie censura l'ouvrage, et un arrêt du parlement défendit de vendre et d'exposer ce livre chez les libraires.

Mais le cardinal de Châtillon, qui était un philosophe de l'école de Rabelais plutôt qu'un protestant de l'Église de Calvin, se chargea de justifier l'auteur et son livre auprès du roi, qui ordonna de cesser les poursuites et qui accorda au libraire Michel Fezandat une permission tacite de vendre et de réimprimer le *quart livre*.

Quant au Ve livre, le curé de Meudon promit qu'il ne paraîtrait pas de son vivant. Rabelais était vieux, il avait besoin de repos. Il résolut de n'être plus qu'un simple curé de campagne, du moins en apparence. Son presbytère contenait une bonne bibliothèque, dans laquelle figuraient de précieux manuscrits; il continua ses études dans le silence de la retraite, s'occupant encore de botanique et de médecine, pour pouvoir soigner ses paroissiens malades. Il enseignait la musique aux enfants et leur apprenait à lire. Il n'acheva pas même le V⁰ livre de son œuvre pantagruélique, c'est-à-dire philosophique, et les chapitres qu'il en avait composés depuis longtemps ne furent imprimés qu'après sa mort.

Devenu infirme, il dut se faire transporter à Paris pour se mettre entre les mains des médecins. Il mourut le 9 avril 1553, dans une maison de la rue des Jardins, et fut enterré, le lendemain, dans le cimetière de Saint-Paul, au pied d'un grand et vieux figuier qu'on y voyait encore au XVII⁰ siècle.

Telle fut l'existence de cet homme de génie, dégagée des traditions romanesques ou facétieuses dont on s'est plu à l'entourer.

Rabelais se rapproche des philosophes de l'antiquité grecque, et on peut le prendre pour un épicurien, pour un pyrrhonien : c'était un esprit éminemment observateur et réfléchi, un libre penseur, un amant de la vérité, un homme bon, charitable, généreux, sympathique et passionné, et non, comme l'ont écrit ses envieux les plus acharnés, Joachim du Bellay et Ronsard, une façon d'ivrogne et de goinfre.

Il s'est dépeint lui-même lorsqu'il caractérise la physionomie que doit avoir le médecin dans l'exercice de sa mission consolatrice : « Du médecin la face joyeuse, seraine, gratieuse, ouverte, plaisante, resjouit le malade. Cela est tout esprouvé et tout certain. » (*Epître au cardinal de Châtillon*, IVe livre de *Pantagruel*.) On ne saurait donc considérer comme authentiques les portraits dans lesquels Rabelais est représenté avec la figure rubiconde et ricanante d'un gros moine entre deux vins. M. Kuhnholtz, ancien bibliothécaire de la Faculté de médecine de Montpellier, a décrit un portrait original, appartenant à cette Faculté, lequel donne à Rabelais un port noble et majestueux, un visage régulier, au teint fleuri, une belle barbe d'un blond doré, une physionomie malicieuse et spirituelle, des yeux pleins de feu et de douceur à la fois, un air affable, quoique grave et réfléchi.

A défaut de ce portrait, on peut s'en rapporter

à celui qui a été gravé par Michel Lasne, et qui fut reproduit ou interprété par Bernard Picart en tête de la belle édition in-4° des *OEuvres de Rabelais* publiée en 1741.

Paul LACROIX
(Bibliophile Jacob).

sionné, et non, comme l'ont écrit ses envieux les plus acharnés, Joachim du Bellay et Ronsard, une façon d'ivrogne et de goinfre.

Il s'est dépeint lui-même lorsqu'il caractérise la physionomie que doit avoir le médecin dans l'exercice de sa mission consolatrice : « Du médecin la face joyeuse, seraine, gratieuse, ouverte, plaisante, resjouit le malade. Cela est tout esprouvé et tout certain. » (*Epître au cardinal de Châtillon*, IVe livre de *Pantagruel*.) On ne saurait donc considérer comme authentiques les portraits dans lesquels Rabelais est représenté avec la figure rubiconde et ricanante d'un gros moine entre deux vins. M. Kuhnholtz, ancien bibliothécaire de la Faculté de médecine de Montpellier, a décrit un portrait original, appartenant à cette Faculté, lequel donne à Rabelais un port noble et majestueux, un visage régulier, au teint fleuri, une belle barbe d'un blond doré, une physionomie malicieuse et spirituelle, des yeux pleins de feu et de douceur à la fois, un air affable, quoique grave et réfléchi.

A défaut de ce portrait, on peut s'en rapporter

à celui qui a été gravé par Michel Lasne, et qui fut reproduit ou interprété par Bernard Picart en tête de la belle édition in-4° des *OEuvres de Rabelais* publiée en 1741.

Paul LACROIX
(Bibliophile Jacob).

PARIS

IMPRIMERIE DE D. JOUAUST

RUE SAINT-HONORÉ, 338

2

PUBLICATIONS RELATIVES A RABELAIS

Patronnées par le comité nommé pour l'érection d'une statue à Rabelais dans la ville de Chinon.

Œuvres de Rabelais, publiées avec une notice de P. Chéron et onze gravures à l'eau-forte de Boilvin. 5 volumes in-16 tirés à petit nombre sur papier de Hollande................................. 50 fr.

Rabelais et son œuvre, par Eugène Noel. 1 volume in-8º tiré à petit nombre sur papier de Hollande, et orné d'un portrait de Rabelais gravé à l'eau-forte par Gilbert....................... 7 50

Sous presse

Rabelais de poche, par Eugène Noel. Deuxième édition, augmentée. 1 volume in-16 .... 3 50
   100 exempl. sur pap. de Hollande, avec portr. de Rabelais. 6 fr.
   20 exemplaires sur Chine et Whatman avec portrait. 10 fr.

De l'autorité de Rabelais dans la révolution présente et dans la constitution civile du clergé, ouvrage de Ginguené publié en 1791, et réimprimé avec une préface d'Henri Martin, de l'Académie française. 1 volume in-18 jésus, imprimé sur papier fort........... 3 fr.
   50 exempl. sur pap. vergé, avec portrait de Rabelais. 5 fr.
   15 exemplaires sur Chine et Whatman, avec portrait. 7 50

6593. — Paris, imprimerie Jouaust, rue Saint-Honoré, 338.

www.ingramcontent.com/pod-product-compliance
Lightning Source LLC
Chambersburg PA
CBHW061015050426
42453CB00009B/1449